흰
달

이지선 시인의 세 번째 시집

〈흰 달〉을 집필하며

　가장 어두운 이야기를 하려고 합니다.

　아직 과거에 살고 있는 아이를 꺼내려는 작업은 시인이 되고 난 뒤부터 사실 가장 고민했던 작업 부분입니다. 두 번째 시집까지 쓰고 나서야 저는 이제 가장 하기 싫은 이야기를 하려고 합니다.

　모두에게 다 저마다의 어둠이 있습니다.
　누군가는 잊고 살고 누군가는 잊지 못하고 누군가는 도망치고 누군가는 아직도 그 어둠에 삽니다. 저는 그 모든 사람들과 함께 아주 크고 하얀 달을 보고 싶습니다.

　어렸을 때 창문에 보이던 그 흰 달을 이제야 꺼냅니다.

　"안녕. 우리 달 보러 가자. 이제 그렇게 어둡지 않을 거야."

2025. 5월
아직도 어둠에 있는 사람들에게 제 달을 드립니다.

목차

03 〈흰 달〉을 집필하며

1장. 어둠의 색

10 흰 달
12 모모
14 피가 흐르는 밤
16 동화
18 질투의 핏줄
20 14살
22 새아빠
24 겨울. 그 밤
25 사춘기
26 옥상에서
28 아무도 모르게
30 떡볶이
32 어리굴젓
34 CCTV
36 꿈
38 신은 존재한다. 가장 어두운 시간에

40 두꺼비집 짓기
42 복통에 빠지다
43 오래된 기억
44 사라진 도깨비
46 나에게
47 가슴에 고라니가 산다
48 장례식
50 그 동네
52 우리는 매번 다른 치킨을 먹었다
54 완벽
56 돈 쓰는 법
58 전쟁의 법칙
60 눈을 따라간 사람들
62 스키드마크
64 도둑
66 한겨울

2장. 어둠이 진해지면 뜬다. 저마다의 달이

70 별 모양 이별
72 딸기에 대한 기억
74 사과
76 프랑켄슈타인
78 꿈의 날개
79 어제 새는 살아 있었다
80 여행일지
81 우리는 살았고, 살고 있다
82 뜨거운 한낮
84 집 앞에서
86 A와 새로운 A
87 여름 기다긴 비, 첫사랑
88 눈의 일상
90 늦은 사랑
91 축제
92 사랑에게 지고 싶었다
94 별 이야기
96 하지 못한 말

99	넌 여름
100	상처
102	꽃은 필 수 있다
104	사라진 브레이크
106	오늘
107	게으름이 산다
108	병에 대한 기록
111	잊는다
112	노래하라
114	마주친다
115	불사조

축하의 글

118	단허 양경숙 시인 (낭송가)
120	정혜령 작가 (수필가)
122	남기선 소설가

1장

어둠의 색

흰 달

짙은 밤, 파묻힌 소리들이 살아난다

죽었던 밤을 다시 추억한다
묘비를 서성이는 숨죽인 생각을 또 죽여야 한다
묘비에 적힌 서슬 푸른 사슬의 노래가 시작된다

추억이 된 것들이 모두 제자리의 색을 찾는다
용서받지 못할 것도 때로는 너무 쉽게 식어버리고
용서하는 것보다 빠른 건 바짝, 내 뒤의 삶이다
떨어지는 흙무더기를 털고 일어난 저 소리들은
언젠가 용서가 된 추억들뿐이다

독한 사슬에 묶인 기억들이 일어나기 전
그저 외면하다 잠이 들면 그뿐인 날들

가끔 사슬의 소리에 깨어나면
돌이킬 수 없는 하나의 길이 열리고 그들이 온다

그제야 뜨는 흰 달, 밤이 짙을수록 밝아지는 저 흰 달
웅크린 채 이불을 턱 끝까지 잡아당기고 숨죽인다
잠든 척 눈을 감은 아래로 둔탁한 사슬이 지나간다
녹슬고 곧 부서질 거친 숨소리를 내는 발자국들이 한참 지나가고

온몸에 땀이 흠뻑 젖는 새벽까지 달의 자리에서는
살아 있다는 것이 때로는 정답이 아닐 때가 많다
아직, 나는 사슬의 눈을 마주칠 수 없다

밤이 지날수록 사슬은 더 녹슬고 견고해진다
소리는 기억하지 못했던 기억을 주고 간다
알 수 없이 꼬여버린 사슬의 끝에 끌려가는 얼굴을 볼 수 없다

도망칠 수밖에 없는 저 소리
벗어날 수 있는 건 오로지 죽음뿐일지도 모른다
캄캄한 하늘에 달을 띄워서라도 나는 살고 싶었을까

사람들은 모두 저마다의 달이 있다
가장 어두운, 또는 곧 사라질

모모

엄마의 포장마차 이름은 모모였다
국수를 팔고 김밥을 썰며 그렇게 돈을 모아 사기를 당했다

매일 소란스러움이 묻어나는 밥상에 차려지는 한숨
해진 소매 틈으로 드러난 살에 달라붙는 시린 시선

엄마의 잃어버린 돈만큼 나는 밥을 적게 먹고
엄마의 잊어버린 시간에 나는 혼자 밥을 먹었다

엄마의 두 번째 포장마차 이름도 모모였다
뜨거운 국수를 말며 적당히 어둑한 조명이 깜빡이고
김밥을 썰며 반가운 어색함이 오가는 엄마의 방

나는 잊힌 낮이 되어 잠이 든다

포장마차를 끌고 가는 맨 앞에 선 나를 밀며
엄마는 고래고래 소리를 지르고 내 팔을 꼬집었다
울어라. 울어라. 울어라!

목 놓아 울고 있는 엄마의 손은 나를 놓아주지 않고
보이지 않는 끈으로 묶인 채 박제되어 서 있는 나는

엄마의 포장마차에 앉아 뜨거운 국수를 먹는 생각을 했다

지금도 그 어둠에 익숙해지지 못한 채 걷다가
그 포장마차 앞에 다다르면 후끈거리는 뜨거운 모모가
나의 줄을 흔들며 목 놓아 소리치고 있다
이제 그만 울어라.
제발. 울어라! 울어라.

피가 흐르는 밤

아버지의 하얀 손은 콘크리트 벽처럼 차가웠다

부서져 버린 턱으로는 웃을 수 없다
부러진 팔로는 안을 수 없다

아슬아슬한 숨소리에도 몸에 금이 갔다 피가 흐르는 밤마다
작은 목소리로 불러보는
아침이 눈을 감긴다

피의 색은 지독히 붉다
뼈의 색은 하얗게 질려 있다

우리는 같은 색을 가진 서로를 부러뜨린다

아버지의 발소리 같은 시계 소리

조각난 시체가 일어나는 아침
아무리 꿰매어도 슬픔은 자국을 남긴다

밤을 향하여 대롱대롱 매달린 시침 소리

부서진 다리로는 다가갈 수 없다

부서진 목으로는 부를 수 없다

시멘트가 부어지는 밤의 시작
아버지의 손은 커다랗고 차가웠다

시멘트의 비릿함이 그대로 굳어버린 밤
이유가 있는 슬픔도, 없는 슬픔도 슬픔이었다

아무리 꿰매어도 붙을 수 없었던 우리의 밤

동화

나는 이야기가 없는 사람
그래서 너에게 이야기를 구걸하고

빚쟁이처럼 바싹 달라붙는 밤
죽어버린 이야기들을 껴안고
나는 죽었다

양파 냄새가 묻은 칼을 쥔 엄마
도마처럼 펼쳐진 우리 집에는 피 비린내가 난다
살덩이는 으깨지고

경찰이 오지 않는 범죄 지역
엄마는 잔혹 동화의 주인공이 되었다

나를 찌른 그날부터 이야기는 시작되고
토막토막 이야기가 이어진다

나는 텅 비어버린 페이지를 안고 너를 기다린다
땡그랑거리는 안전한 목소리

새로운 동화는 없다고
너는 웃었다

빚쟁이처럼 재촉하는 오늘 하루의 이야기

너의 이야기는 젖은 종이처럼 바싹 나에게 붙는다

그래서 그렇게 그때

사실은 아무도 죽이지 못한 채 시끄러운 경보음 사이

내가 죽였던 엄마를 살리고 싶었다고

나는 그렇게 죽고 싶지 않았다고

아무도 오지 않던 그 밤

진심은 가장 어두운 부분을 밝히며

그들을 살리고 이야기는 또 시작된다

질투의 핏줄

나를 앞질러 달리는 그녀의 세찬 숨소리에 화가 났다
간지러운 웃음소리가 나를 조여와 숨을 뱉었다
그녀의 주위를 감싼 봄기운이 기분 나빠 욕설이 나왔다

검은 튼튼한 차에서 내린 그녀 아버지의 손에 싱싱한 화분이 있었다
매끈한 양복을 입은 훌쩍 큰 어른에게 고개가 숙여졌다

그들은 내가 결코 들을 수 없는 말을 하며 지나갔다
나는 그날 밤 그들을 죽이겠다는 결심을 했다
내가 들을 수 없는 말들은 모두 어디에 살고 있는지 알았다

나는 작은 담요를 가져와 몸을 감으며 커다란 몸으로 부풀렸다
쉑쉑 거리며 들썩이던 담요만큼 자라난 나의 창백한 질투

화분은 교장실 앞에 자랑처럼 놓이고 나는 화분을 증오했다
그녀의 화분을 깨부순 날 그녀의 아버지가 왔고 창문을 통해 나를 보았다
나는 슬그머니 고개를 숙이며 긴 복도를 걸었다

복도의 긴 창문이 끝날 때까지 그녀의 아버지는
그녀를 안아주고 나는 패배감에 울먹이는 질투를 홀로 달랬다

그녀의 눈에 핀 봄들이 싱싱했다

나는 쓰러진 고목 아래 발이 묶인 채 나의 배고픈 질투를 키워냈다

이길 수 없었던 건 이미 졌던 시작이었다

약한 내가 할 수 있었던 것은 악다구니를 쓰는 입

바쁘고 바빴던 계절들이 지나고 내가 던져버린 화분의 씨앗들이

다른 화단에서 꽃을 피울 때 기나긴 나만의 전쟁에서

질투를 비벼 끄고 숨을 골랐다

나비는 날개가 있어 죽고 벌레는 약해서 밟혀 죽는다

몇 번 밖에 본 적 없는 아버지

날개가 없는 나는 나비 종족도 아니었다

날 수 없다는 사실에 나는 검버섯처럼 피었다

저기, 그녀가 살랑거리는 웃음으로 나의 질투를 빼앗으러 오고 있다

그녀의 아버지가 인자한 팔을 벌리며 나의 전쟁을 빼앗으러 오고 있다

14살

너는 나를 닮았다
오늘 네가 겪어야 할 것을 나는 안다
기다림의 호흡은 너무 길어
이 조용한 고통은 나의 몫이다

비를 맞으며
너의 꿈은 내일도 가 보지 못했다
고작 몇 걸음의 현재였다

차라리 폭풍우였다면,

14살 모든 빛들이 사라진 날 혼자였다
누구나 맞을 수 있는
비가 아닌 비를 맞으며

긴 호흡으로 너는 차곡차곡 모아둔 계단을 올랐다
안간힘을 다해 오르던 계단에
흥얼거리던 빗방울 소리

나는 너를 닮았다
아직도 끝나지 않은 계단을
너는 시작했고 나는 그 끝을 모른다

꽤 오랜 시간 마른 땅의 냄새가 나지 않았다

나는 이미 많은 계단을 밟아서 네가 될 수 없다

비의 소리를 기억하며
우리는 우레와 같은 고함을 흥얼거린다
비는 멈추지 않고
우리는 멈추길 원하지 않는다

끝 계단을 밟고 14살의 너에게
이제 괜찮다고 뜨겁게 말해 줄 것이다

끝 계단을 밟고 너에게 갈 것이다

새아빠

저녁 무렵
아빠는 동전을 털어 아이스크림 콘을 사주셨다

밤마다 토하는 소리를 들으며 웃던 나
아빠가 죽으면 새로운 아빠가 생길지도 모른다

튼튼한 아빠는 아침 턱걸이를 한다
약한 나는 아침에도 누워있다

아빠는 내가 일어나길 바라고 나는 아빠가 죽기를 바란다

해가 지면 늘 아이스크림 콘을 사 주신 아빠
노을 속에서 빛나던 달콤함
폭력적인 단맛에 어떤 맛도 살아남지 못했다

아빠는 자주 토했지만 죽음은 결코 빨리 오지 않았다
누군가의 갑작스러운 죽음도 빠른 것은 아닐 거다
살기 위한 몸부림은 생각보다 끈질겼다

새아빠가 오면 나는
동전들을 모아 새로운 아이스크림 콘을 사 줄 거라며
나도 모르게 턱걸이를 시작했다

아빠의 죽음을 기다리며

단맛의 폭력은 이어지고 새로운 맛들은 사라졌다
느끼던 모든 것들이 마비될 때 단맛은 가장 수수한 맛이 된다

노을이 깊어지고 허약한 아빠가 걸어온다
아빠의 단맛은 이미 수수해졌고 나는 새로운 맛을 느끼고 있다

새아빠를 기다리며
뚜벅뚜벅 울리는 발소리에 입맛을 다신다

겨울. 그 밤

소주를 들이부어도 취하지 않던 밤

대신 취한 겨울바람이 휘청거리고
널브러진 바람의 손이 가슴을 할퀴었다

콜록거리는 1월의 야윈 볼에 언 손을 비비는 밤
너도 춥구나

진한 알코올 냄새가 밤의 입김에 스며들고
휘청거리던 버거운 밤이 쓰러졌다

바람과 추위에 붉어진 밤
몸은 취해도 기억은 선명해진다

그렇게 떨며 비틀거리는 밤에
너를 향한 진심을 소주잔에 부어 버렸다

사춘기

여름이 떠난 모래밭
발자국이 어지럽다

깔깔거리는 파도에 떠 있는 짙푸른 여름

바다는 사춘기
늘 출렁인다

향긋한 민트향이 풀어진 곱슬머리에
상큼한 신맛이 고인 장난꾸러기

유년 시절이 달려온다
바다를 닮은 심장이 뛰기 시작한다

여름에 멍든 푸른 빛
채찍처럼 따가운 눈빛과 손발과
가냘프게 자라던 여름의 상처들
흔한 여드름 자국으로 남았다

옥상에서

너의 말에 이빨이 있다
살점이 떨어져 뒹구는 마음
상처에 고인 핏물이 떨군
공포는 전염병처럼 퍼진다

삶이 혀를 깨물자 비릿한 피 맛이 난다
몇 센티미터의 차이에 죽음이 있다

옥상에 흙의 냄새가 올라온다

그리고 그날 아무도 시체를 보진 못했다

내려가는 길은 오직
반복되는 송곳니에 파인
울퉁불퉁한 상처를
계단처럼 오르는 것부터다

실룩거리는 이빨 사이로
핏줄 선 목덜미를 내민다

침처럼 흘러내리는 땀방울에 젖은 몸

귀를 막고 비명을 질러도

입안 가득한 흙의 냄새가 사라지지 않는다

아무도 모르게

낡은 트럭을 몰고 온 삼촌이 꼬깃해진 삼만 원을 내밀었다
삼촌의 전 재산이었다는 걸 어린 내가 눈치챈 건 불행한 일이었을까

그날따라 밤하늘 반짝이던 별들이 소곤소곤 떠올랐다
길고 긴 여름 한밤,
나는 아파트 층계에서 문이 열리길 기다렸다
갈 곳이 없었다는 걸 솔직하게 뱉을 수 있는 게 용기일까
여기서 나를 받아주지 않으면 난 죽는 것일까

죽는다는 것은 얼마나 많은 슬픔이 쌓여야 할 수 있는 것일까
습한 기운에 땀이 뚝뚝 떨어지는 층계에서 한없이 기다렸다
나는 왜 이 문밖에 있는 걸까
세상에는 정말 많은 문이 살았다
이미 나는 아무도 모르게 여름밤에 버려졌다

삼촌이 나의 이름을 불렀을 때
낡은 바지에 검은 피부를 가진 깡마른 삼촌이
말없이 내 손을 잡았을 때 나는 그 손에 힘을 주지 않았다

죽는다는 건 여름을 맞이하는 것보다 간단한 일이었다
터덜터덜 삼촌의 트럭을 타고 밤하늘의 달을 한참 바라보았다

어둠 속에서도 나무는 푸르고 풀 벌레 소리도 짙은 여름이었다
나는 내 무덤의 자리를 가늠하며 적당한 유서도 생각했다

삼촌은 한참을 그 낡은 차에서 내리지 못했다
누구의 잘못도 아니라고 말하는 건 삼촌을 아프게 한 일이었을까
쏟아질 것 같던 별처럼 삼촌의 눈은 반짝였다

삼만 원을 공손하게 주머니에 넣으며 한참 꼭 쥐고 있었다

여기에는 아무도 없다는 거짓말을 들으며 14살은 고개를 숙였다
이미 나는 아무도 모르게, 버려졌다

떡볶이

떡볶이를 해 주지 못한 엄마
집 앞 퉁퉁 불은 떡볶이를 비닐봉지에 담아 오셨다
우리는 개처럼 달려가 비닐을 물어뜯었다

밤새 짖던 옆집 개는 쥐약을 먹고 발견됐다
우리는 안전한 떡볶이를 먹으며 엄마를 기다렸다

엄마는 어느 날인가부터 돈을 주셨다
더 이상 엄마를 기다리지 않아도 됐다
우리는 떡볶이를 한낮에 사서 저녁에 먹었다
퉁퉁 불은 떡볶이를 머리를 맞대고 안전하게 먹었다

어쩌다 어둑해지는 밤에는 굶주린 채 돈을 들고 잠이 들었다

어느새 우리는 동네에서 가장 큰 아이들이 되었다
우리는 이제 떡볶이 가게에서 떡볶이를 먹는다
우적우적 한참을 웃어가며 매운 떡을 씹는다
뜨거운 떡을 호호 불어가며 우리는 돈을 낸다

엄마가 어느 날 사 온 떡볶이에 우리는 배가 불렀다
새벽녘 엄마는 혼자 퉁퉁 불어 터진 떡볶이를 먹고 있었다

매캐한 냄새에 창문을 열자 무언가 시원한 바람이 들어왔다

엄마, 불어 터진 떡볶이는 버리세요!

우물거리는 엄마의 뺨을 보며, 지난밤에도 죽어있던 쥐가 떠올랐다

많은 시간 우리는 떡볶이를 먹으며 기꺼이 죽어갔다

그 이후 더 이상 떡볶이를 먹지 못했다

어리굴젓

중학교 노총각 선생님의 결혼식 날
밀린 숙제처럼 단체 버스에 올라타 와자지껄한 날
단체 식탁 위에 올라간 엄마가 먹고 싶다던 젓갈

아이들의 눈빛에서 벗어날수록 나의 시야에 갇힌 그것
엉거주춤 젓가락으로 찍어 보며 요리조리 피해 본다

동네 시장 어귀에 억척스럽게 물건값을 깎던 엄마
사람들 혀 끝에서 내뱉던 한숨들
늘 정정당당한 뻔뻔함이 불편했던 시간에서
나는 누구보다 엄마를 이해하고 있었다

순대를 썰던 아줌마의 눈빛에 가여운 내가 갇히고
신발을 팔던 아저씨의 눈에 어린 내가 갇히고
엄마는 가장 집요한 흥정꾼이 되어 무자비하게 나를 깎았다

모두 먹고 남아버린 젓갈을 바라보며 아줌마를 거세게 불렀다
엄마는 내 손에 들린 젓갈을 보며 웃었다
나는 가장 가난한 마음을 가지고 엄마에게 구걸했다

엄마는 어리굴젓을 올려 밥 한 공기를 우걱우걱 먹었다
엄마의 큰 자랑이 된 나는 한참 동안 밥을 먹지 않았다

엄마의 공허함을 채워버린 내 어리굴젓이
한참을 비릿하게 나를 괴롭혔다
승복할 수 없었던 엄마의 세계에 가면 어른이 될 줄 알았다
그럴수록 나는 따라갈 수 없는 속도로 아주 작아져 있었다

중학교 노총각 선생님의 결혼식 날
꽃가루가 날리고 선생님의 웃는 얼굴이 햇살 같던 날
친구들 틈에 껴 꽁꽁 싸맨 어리굴젓을 숨기며 들고 있던 나

엄마의 자랑은 나에게는 너무 어려운 숙제였고
엄마의 입맛은 나에게는 너무 비릿하고 역한 맛이었다

CCTV

새어 나오는 저 빛이 내 눈을 멀게 한다
그녀는 기꺼이 거기에 갇혀야 한다
나오면 아무것도 할 수 없는 현실을 바라봐야 한다
얻을 수 없는 친절함을 구걸해야 한다
어떤 빛도 새어 나오지 않게 문을 꼭 닫아야 한다
티브이와 깜빡이는 전등의 빛
방문 사이로 흘러나오는 저 밝음까지
이제 그만 어둠으로 들어가야 한다

그녀를 비추는 빛을 죽여야 한다
그녀를 바라보는 나를 위해

오늘도 그녀는 한참을 배회하다 문을 닫았다
문틈으로 나오는 저 빛 때문에 나는 CCTV를 끌 수 없다
오래된 질문은 가장 난해한 표정으로 답을 했다
질병 같은 우리는 병의 근원지를 알 수 없다
우리는 가장 끈질긴 빛을 서로에게서 발견한다
나는 쪼그려 누워 핸드폰으로 그녀의 빛을 본다
꺼져버린 거실과 연결된 빛나는 방 틈 사이
그녀는 지치지 않는 빛을 가지고 있다

이제 그만 제발 어둠으로

아침을 맞이할 밤으로

꺼지지 않는 빛을 향해 뱉어보는 숨이 뜨겁다

그녀의 빛은 가장 어두운 나의 밤에 깜박인다

눈이 감기는 순간까지도 꺼지지 않는 우리의 빛은 길다

순간처럼 툭 꺼지는 빛

안도하는 숨소리가 차갑게 울리면 이제 나의 밤은 시작된다

꺼지지 않는 나의 빛이 끈질기게 시작된다

내 모습을 내가 볼 수 없어 다행인 이 밤들이

나의 존재를 잔인하게 확인시킨다

꿈

엄마가 잠든 모든 곳은 집이었다
동생의 손을 잡고 집 나간 엄마를 낯선 곳에서 만났다
이제 여기가 새로운 우리의 집이구나

나에게도 끈질긴 가족이 있다
내 등엔 내일 학교에 가져갈 책들에 미련을 버리지 못해
꾸역꾸역 넣은 가방이 질기게 매달려 있었다

단발머리보다 더 짧은 머리를 빗으로 정성스레 빗고
엄마와 닮은 부분이 있는지 거울을 보며 웃는 연습을 했다

도착한 곳에 엄마는 이미 패배한 얼굴을 하고 있었다
동생은 방안에 내동댕이치듯 버려진 채 떨었다
엄마는 상 위에 약을 쉼 없이 차례차례 올려놓았다

나의 입 끝에 가족의 삶이 위태롭게 걸려 있었다
선택을 하라는 엄마의 패배에 이가 덜덜 떨렸다
눈물이 나오지 못한 건 먼저 나온 나의 분노
방구석에 얌전한 내 동생이 아직 풀지 못한 문제집
입어보지도 못한 한겨울 미리 사둔 목도리를 안고
동생은 입술을 오므리며 벙긋거리고 있었다

엄마는 보란 듯이 약장수처럼 죽음을 설명했다

나는 이제 엄마를 죽여야만 했다

이 집의 엄마는 바로 나여야만 했다

내가 잠든 모든 곳이 집이어야 한다

엄마를 버리고 동생의 목도리를 들고 오는 길

우리는 잔인하게 동족을 먹은 것처럼

고개를 들지 못한 채 노래를 불렀다

분노는 며칠을 가지 못하고 부끄러운 자책은 끈질기다

나는 새로운 엄마가 됐고 더 이상 집이 필요하지 않았다

엄마의 수많은 독약을 책 대신 짊어지고 나온 날

나는 쉼 없이 자책하며 그날을 으드득 곱씹었다

우리는 모두 그날을 잊은 것처럼 살았다

나는 가끔 한동안 꿈속에서 독약을 차례차례 마셔야 했다

신은 존재한다. 가장 어두운 시간에

오늘부터 당신의 독실한 양이 되겠습니다
지금 당신이 말씀하신 어두운 시간에 서 있습니다

홀로 킨 마음은 꺼지지 않고 타오르기만 하는 오늘

불을 가슴에 들고 다니는 사람들이 거리를 지나고
부서진 손이 모두 가리키는 방향이 다른 오늘

볼 수 없는 진실은 사실 없는 게 아닐까

길을 볼 수 없는 불확실한 미래에 무릎 꿇고
자성을 잃어버린 새처럼 떠도는 온도 앞에 오늘

가슴에서 녹아 버린 덩어리가 뒤엉켜 버린 지금
누런 눈을 맞으며 고요히 무릎을 꿇고 기도합니다

아버지의 성경처럼 헝클어진 궤도에서
뜨거운 불을 식히는 흔한 순교자의 흔한 거룩함처럼
삶이란 나침반을 가슴에 심기 위한 과정인가 봅니다

가장 어두운 시간에 존재할 신의 존재를
절실하게 목마름처럼 부르는 지금입니다

제게 주신 모든 시련을 탓하지 않고 뜨거운 온도를
이겨냄에 굴하지 않는 힘을 제발 지금 내게로

흔들리는 제 기도가 위태로운 저를 지켜주는 오늘
가장 어두운 이 시간. 당신을 부릅니다

두꺼비집 짓기

아이들은 매일 집을 지었다
대리석으로 튼튼하게 지은 집에서 두꺼비 집을 지었다
헌 집 줄게. 새집 다오

튼튼한 집 주인아저씨는 일곱 가족이 산다
하얀 벽돌 삼층집 끝에는 화투 치는 아저씨들이 다녀가고
암호처럼 두드리는 소리
맨 아래층 아줌마의 매질에 한 아이는 하얀 밤을 몸에 걸었다
아침이면 아이들은 옹기종기 큰 대추나무 밑에 모여 새로운 집을 지었다

아이들은 매일 새로운 집이 필요했다
귀를 막아도 꾸역꾸역 들려오는 매질 소리와
술에 취한 아저씨들의 싸움
잠을 못 잔 아이를 재워 줄 수 있는 집
오지 않는 엄마를 기다리다 밤이 깊어지면 함께 안아줄 수 있는

단발머리 간호사 언니는 이 층 작은 방에서 연탄가스로 죽어갔고
맨 아래층 셋방 구석에 살던 할머니는 굶어 죽어갔다

비껴가는 바람이 없듯 아이들은 매일 흔들리며 집을 지었다
바람은 돌아가지 않은 아이들에게 집요하게 붙었다

바람의 방향으로 지어진 집들

창문으로 바람이 지나갔고 아이들은 커갔다

아이들 소리는 더욱 커지고 아이들은 저마다의 방향으로 뻗었다

아이들의 손안에는 약속이라도 한 듯 흙 묻은 대추가 있었다

헌 집 줄게. 새집 다오

헌 집 줄게. 새집 다오

메아리처럼 돌아오기만 하던 노랫소리가 아이들을 키웠다

복통에 빠지다

신물이 올라온다

부유하는 생각이 나를 찔렀다

어디로 갈까요

충동적인 배앓이는 새벽의 흰 소음처럼 잠을 깨웠다

몸부림조차 거추장스럽고

끝내는 집어삼켜야 할 것이 모두 죽을 것뿐이라는 생각에

달려간다 게워 낼 수 있는 세상으로

갈증에 목이 타고 뭉텅거리는 덩어리가 채워진다

허리를 쥐어짜며 쏟아져 내리는 끈질긴 지배자

무릎을 꿇고 헉헉 뱉어낸 숨소리가 살아있다

모든 걸 토해냈다고 안도해도 뱉어낼 수 없었던

그 무엇이 아직도 남아 숨이 막힌다

살아있는 이 몸 안에 가득한 죽음

수없이 펼쳐진 무덤을 안고 배를 감싸 쥔다

어디로 가야 하나요

고개를 숙이며 웅크리는 죽음의 끝에서야

시작되는 질문에 심장이 헐떡인다

목적이 없는 삶으로 태어나도 맞이할 아침

글썽이며 사라진 삶을 끌어안고 나는 조금 더 비워진다

조금도 고통에 익숙해지지 않는 새벽의 화

입술을 깨물며 짐승처럼 기어들어 갈 집이 없다

오래된 기억

낡은 기억을 오래된 이불처럼 덮었다. 오랜 시간 너를 기다리게 했다. 아무도 보지 못한다는 안심을 껴안고 어둠과 누웠다. 너를 처음 만나던 날, 눅눅한 여름이었고 곰팡이 핀 냄새가 조금씩 짙어지고 있었다. 여기저기 익숙해진 냄새에 늪처럼 빠져들었다. 잠든 나는 꿈을 빼앗기고 집안을 부유했다. 그날도 꾸벅꾸벅 졸며 구석에서 희미하게 흔들리는 너를 보고 외로움을 알았다. 비밀이란 얼마나 잔인한 희망인가. 아무도 없는 당연한 집에서 너의 존재를 느끼고서야 불안을 만났다. 너는 나의 이야기를 먹고 자랐고 나는 곧 찢어질 연약함을 숨겼다. 우리는 비밀처럼 서로를 키웠다. 밤이면 새로운 이야기가 쌓이고 오래된 이야기는 꿈이 되었다. 어느 날부터 나는 꿈을, 너는 세상을 궁금해했다. 어느 순간 모든 기억을 잃고 지금이 되었다. 어떤 일들이 존재했는지 어둠 속에 홀로 앉아 오늘도 어제처럼 눈을 감는다. 고요하다. 소리가 사라진 세상에 오로지 나의 삐걱거리는 걸음이 집을 향해 걷는다. 막연하게 휘갈겨진 낙서를 따라가던 기억이 몇 번 주저앉는다. 초라하고 부서진 집 휑한 바람이 분다. 이제는 아무도 살지 못하는 집의 구석을 향해 걷는다. 여전히 반짝이던 거울이 비춘다. 나의 바랜 웃음과 선명한 눈물. 외면했던 고통이 멍한 눈빛으로 다가온다. 나의 오래된 친구여. 흔들리는 진심을 봤던 것 같다. 우리는 아직도 이 집에서 벗어나지 못했다. 아무리 달려도 다시 너를 찾아오는 길 숨소리마다 곰팡내가 난다. 지독한 여름의 흔적이 우리를 기다린다.

사라진 도깨비

삐거덕, 파란 대문을 열고 나온
어린 여자의 발은 없다
눈망울이 푸른 불꽃처럼 파르르 떨린다
세차게 흔들리는 대문과 부옇게 일어서는 먼지
손을 내미는 손가락 사이로 푸른 불이 둥실 떠올랐다

다른 세상의 것에 익숙했던 나의 비밀
잠시 잊었던 어린 시절은
뾰족하게 나온 사람들의 눈에 찔려
씨름하듯 힘겨웠다

간지러워, 굵은 손등의 상처가 따가웠다
절뚝거리던 나에게 사람들은 동전을 던졌다
보이지 않는 도깨비보다 보이는 도깨비들이 많은 세상
무엇이라도 이루어 줄 너의 손이 그리웠다

너는 그렇게 비밀이 되고 낡은 대문에 붙어
이미 먼 기억 속에 더 무서운 도깨비 눈과 산다

밤마다 안아준 너의 재미있는 이야기들이 끝나면
늘 살아내야 하는 사람들의 눈에 파묻힌다

휘파람 소리

낮은 움직임 속에 꿈틀거리는 푸른 빛은

오늘도 기억 속의 어린 내 손을 잡고 있다

나에게

저것은 가죽이다. 뼈에 가죽을 입힌 종이 인형 같은 다리가 작은 입김에 접힌다. 흐물흐물 누군가를 부르는 입이 검다. 구멍처럼 뻥 뚫린 입안에 같은 말을 반복하는 주문이 고여있다. 밤마다 절뚝이며 걸어가는 다리의 가죽. 오른쪽 다리를 절며 뱅뱅 도는

자신의 치부를 드러낸 저것은 펼칠 수 없는 구겨진 종이다. 이미 주름이 잔뜩 진 다리의 한쪽에 부끄러움은 죽었다. 미친 듯이 요동치는 심장 소리를 숨기지 못하듯 부르는 저것의 이름은 과거다. 멈출 수 있었지만 멈추기 싫었던, 멈추면 그들이 말이 진실이 되기에 다리를 묶는, 밤.

버릴 수 있는 것은 이름뿐. 다 뜯겨 냄새나는 과거를 질질 끌며 뱉는 소리 구부정한 나의 이름을 넣고 씹어댄다. 텅 빈 어둠 속에 선명한 걸음을 참아내며 기다린다. 오거라. 구겨진 종이도 종이다. 찢긴 가슴에도 심장은 뛴다. 부서진 다리에 묶인 과거의 이름이여.

가슴에 고라니가 산다

밤새 가슴에 고라니가 울었다

어디선가 불어오는 이 소리는
스스로 생명을 붙잡고 아침이 오도록 살아 있었다

설움처럼 왈칵거리다
남은 공간에 비집고 들어섰다

마음이 달구어지면 한번은 젖어야 할 우기가 온다
꼭 한번은 불을 끄며 덴 상처를 보여야 한다

또르륵 또르륵 떠오르는 고라니들의 소리

살아 있는 상처가 꿈틀거리며
강한 생명력을 불어넣었다

저항하던 지난 상처들이 아무는 소리였다

장례식

너의 침묵처럼 눈이 내린다
울부짖는 고백이 창백하다
얼어붙은 진심이 입술을 문다
돌아서 가는 길에 지그시 가슴을 누르며
끅끅거리는 산짐승의 소리를 낸다

거짓말 같은 매서운 눈보라에
이제는 모두 덮여 볼 수 없고
그저 흰 무덤처럼 봉긋한 세상

지울 수 없는 눈의 자국들에 찍혀버린
너의 십자가를 대신 진 그림자가 길게 따라온다

푹푹 빠지는 발의 떨림
나지막이 나를 부르는 너 같아
눈이 감긴 채 뒤를 돌아보는 겁먹은 동물이
내리는 눈에 숨어 하얗게 변해 간다

그림자가 만드는 그림자에도 내리는 눈
겨냥당한 가슴에도 쌓여가는 저 눈
질식할 것 같은 숨소리, 쉿,

살아 있는 동물이 덫에 걸렸다
살을 파고드는 죽음의 냄새는 하얗다

한 번도 꺼지지 않는 눈의 무게가 짓누르는
들리지 않는 총소리가 묵직하다

그렇게 우리는 함께 고요하다

그 동네

어른들은 없었다

사라진 마음처럼 좀처럼 자라지 않던 동네

누군가에게 지워진 듯 사람들이 숨었다

누군가 울어도 동네는 고요함을 유지했다

소리를 내도 메아리조차 삼켜 버린 동네

눈초리만 쌀쌀하게 남았다

삐죽 올라온 축축한 기억에는

흑빛 새싹이 솟구쳐 구슬픈 장송곡 소리를 냈다

살아있음에도

흑백 비명 소리가

누군가의 애달픈 삶들이 지지직 소리를 내며 움직였다

사랑했던 시간은 존재하지 않았다

그저 슬픔을 몰랐던 시대의 내 청춘이 가여워

밤새 뜬 눈처럼 치켜뜬

핏줄처럼 삼킨 말

행복하지 않았다

추억할 그 무엇도 없이

그저 살아낼 뿐

그것으로 나의 침묵은 무거웠고

지나가는 작은 바람에도 추웠다

긴 양말을 무릎까지 올리고

더운 여름 낑낑거리며 걷는 늙은 개처럼 한평생

그렇게 끼고 살았던 그 동네

우리는 매번 다른 치킨을 먹었다

그녀가 이사를 한다. 그녀의 남자친구는 영원히 따뜻한 치킨이다. 엄마가 아침에 치매약을 먹었을까 이제 궁금하진 않다. 잊는다는 것은 이제 무의미한 일이다. 그녀의 남자친구는 혼인신고를 하자고 한다. 그녀는 남자친구와 따뜻한 혼인신고를 했다. 엄마는 집을 주고 남자친구를 갖고. 그녀는 집을 갖고 남자친구를 얻었다. 엄마는 내게 전화를 걸어 매일 치킨을 찾는다. 아무도 나에게 묻지 않는다.

치킨을 펼치고 엄마는 날개와 가슴살을. 엄마의 남자친구는 다리를. 우리는 서로의 부위가 겹치지 않도록 신경을 쓰며 치킨을 먹는다. 다음에는 무엇을 먹을까. 엄마의 앙상한 손이 치킨 한 조각을 내 손에 쥐여준다. 엄마는 너무 추워 보인다. 언젠가 치킨도 잊어버릴 엄마의 뼈만 남은 손이 누군가에게 먹힌 쓰레기 같다. 우리는 각자의 집으로 식어버린 배고픔을 안고 돌아간다.

아무도 나에게 묻지 않는다. 따뜻한 치킨을 꿈꾸는 나조차도.

치킨의 맛을 몰라도 우리는 각자 다른 치킨을 꿈꾼다. 치킨을 먹는 그 순간에도 우리는 식지 않은 치킨을 허겁지겁 집는다. 기억을 잃어버린 엄마까지도 치킨을 꿈꾼다. 우리는 모두 커다란 식탁 위의 치킨 앞에 평등하게 웃는다.

아무도 나에게 묻지 않는다. 후드득 드러난 뼈다귀같이 버려진 나는 밤새 치킨을 뜯으면서도 배고픔에 몸서리친다. 도저히 물어볼 수 없던 말들을 삼킨다. 기억을 돌이킬 수 없듯 치매약처럼 먹어간 치킨들 앞에 나는 물러설 곳이 없다.

엄마는 남자친구에게 집을 주고 싶어 했다. 남자친구는 집을 갖고 싶어 했다. 엄마를 집에 두고 떠난 건 심해지는 엄마의 치매 때문이었다. 집에 넘치는 엄마의 남자친구 짐을 모두 던졌다. 이 집은 가장 뜨거운 치킨이다. 아무도 나에게 묻지 않는다. 그리고 나도 그들에게 묻지 않는다. 기억을 잃어버린 엄마는 뜨거운 치킨을 먹지 못한다. 뜨거운 치킨만을 원한 남자친구는 사라졌다.

그리고 우리는 새로운 치킨을 시킬 것이다. 엄마의 앙상한 손이 치킨 한 조각을 내 손에 쥐여준다. 엄마는 너무 추워 보인다. 언젠가 치킨도 잊어버릴 엄마의 뼈만 남은 손이 누군가에게 먹힌 쓰레기 같다. 공허한 엄마의 미소가 나를 더욱 식게 한다.

완벽

너는 기억을 잃어버리고

나는 너를 잊지 못해

꾸역꾸역 밥을 먹을 때마다

오른쪽 갈비뼈가 아프다

마음이 넘어진 그곳은 너의 자리

일어서지 못한 채

우리는 매번 다른 계절을 맞이했다

재 냄새가 묻은 그 자리에서

모든 것들을 태우며 한동안 그렇게 살았다

나는 점자책을 읽듯 너를 찾아내고

너는 주소가 없는 곳에 산다

언젠가 모든 것들이 태워진 자리에

다시 살아날 것을 알기에 침묵했다

가끔 바람이 부는 날이면

재로 변한 그 자리에서 휘몰아치는 단어들 사이로

형체를 알 수 없는 새가 서 있다

뜨거운 재의 자리에서 너는
가장 맑은소리로

부른다. 모든 걸 잃어버린 나를

돈 쓰는 법

쓰기는 너무 쉽고 오는 내일은 어렵다
한 발짝 호기심을 기꺼이 걷듯
바스러질 듯한 조바심
사라질 것들을 안고 사는 내일의 냄새가 지독하다

그날따라 밀린 원고료가 들어왔고
도서관에서 수업 의뢰가 들어왔고
나는 한참 동안 걸었다

돈의 일부를 주고 나는 A와 통화했다
그냥 일상적인 이야기들과 시시껄렁한 농담을
그리고 가질 수 없는 젊음에 대해 이야기했다
술에 찌든 시간과 건조했던 꿈의 익사에 대해
더러운 진실은 모두 사실이다

아무도 알아차리지 못해 잡히지 않던 것이
몽타주처럼 그려진 그날 새 한 마리도 보이지 않았다

A는 전화를 끊자고 했고 나는 서둘러 돈을 보냈다
한숨 소리에 안도하며 꽤 잘나간 어린 시절을 이야기했다

어떤 것에도 진실은 없었고 그것은 모두 사실이다

이제는 안 되겠다는 A의 목소리를 들으며
마지막 돈을 보냈다

다행히 끊어지지 않는 전화를 붙잡고
마지막일지도 모를 진심을 이야기하고자 했다
숨이 막히는 몇 초의 끝에 푸르게 질린 비명이 들렸다

내려놓은 수화기에서 쏟아져 나오는 목소리
여보세요
그냥 내일이 너무 힘들어서....요
사실 이것도 진실이 아닌 사실이다

나는 그렇게 시간을 벌며 하염없이 돈을 썼다

전쟁의 법칙

그녀는 미안하지 않다
세상의 많은 고난을 이겨낸 영웅은 절대 미안하지 않다

긴 새벽을 알리는 그녀의 발길에 또 세상이 열린다
길에 쓰러진 패잔병들
병들과 캔들을 모은다
전리품처럼 반짝이는 고난의 값을 질질 끌고 온다

나는 그녀의 오래된 전리품 안에 있다
어떤 전쟁에서 어떤 값을 내고 왔는지 알 수 없다
묵묵히 그녀가 가지고 온 병들과 캔을 버린다
전리품처럼 반짝이는 쓰레기들을 봉투에 담는다

나에게 오래된 냄새가 난다 모두 타 버린
이러다 언젠가는 나조차도 버릴 것 같다

어제의 나는 조심스럽게 조금 버려졌고
한 달 전 나는 매우 심각하게 버려졌다
몇십 년 전의 나는 그녀에 의해 깨진 적이 있다
그녀는 다 부서진 나를 애써 붙였다

너덜너덜해진 팔로 쓰레기들을 치운다

내가 어떤 전리품인지 그녀는 이야기를 하지 않는다
가치에 의해 수거되고 가치에 의해 버려지는
그녀의 쓰레기들
그녀와 나는 가치의 기준이 다르다

긴 전쟁은 지루하다
그녀의 보물을 나는 매일 쓰레기통에 버린다
어쩌면 그녀와 나는 전쟁이 끝나지 않을지도 모른다
그녀가 빛나는 모든 순간을 버리는 지금

우리는 그렇게 끝나지 않은 전쟁의 순간순간마다
서로를 미치도록 증오하며
조금도 미안해하지 않는다

눈을 따라간 사람들

나는 학생이다. 아니 어쩌면 선생님이다
우리뿐이다. 너와 나인 우리
깔깔거리는 너의 웃음이 나에 대한 호의인 줄 알았다
너의 아픈 이야기에 너에게 쉽게 반했다
훌쩍거리던 우리는 손을 잡고 다시 만나자고 이야기했다
너는 남자이다. 아니 어쩌면 여자이다
너는 세찬 그늘이고 어쩌면 너무 연약한 양지였다
너를 만나고 우리가 무서워졌다
내가 기억하는 것과 네가 기억하는 것이 달랐다
너는 세상 가장 여린 미소를 지닌 하얀 눈이었다
폭신한 그 눈에 덮여 나를 잃었다
모르는 이야기들을 모두 알고 있는 함정에 빠졌다
너는 나 이외의 모든 사람들에게 따뜻한 눈이었고
너를 만나고 나도 모르게 추운 겨울이 되었다
함께 웃었고 울었던 입김들이 그 증거였다
침묵은 때로 가장 많은 진심을 담는다
그날, 그날도, 그날도 나는 모든 것들을 잃었다고 생각했다
아무도 나에게 진실을 물어보지 않았고 눈을 따라 떠났다
더 이상 아무런 눈도 내리지 않던 날
나는 모두 녹아 버린 세상의 얼룩 앞에서도 울지 못했다
얼어버린 땅이 녹은 뒤의 진흙탕 같은 울먹거림을 보며
나는 또 수많은 시간을 기다려야 함을 알았다

눈을 따라간 많은 사람들의 발자국들을 모두 지우던 시간들
퍼붓던 모든 것들이 멈추고 숨을 몰아쉬었다
나는 어쩌면 너무 일찍 하얀 눈을 따라갔다
아직도 그 질퍽한 땅을 기억한다
마르지 못한 눈이 내렸던 진흙탕 길의 진동을 느낀다
어떤 이는 눈 속에서 다시 나를 향해 달려왔고
어떤 이는 영원히 눈과 함께 사라졌다

나는 그저 너와 단둘이었을 뿐이었다
그날의 눈이 사랑스러워서 너무 추운 겨울을 만났다

스키드마크

그늘에 늘어선 사람들이 손을 흔든다
동네의 어떤 곳도 환한 곳은 없었다
반갑게 흔들던 손도 어둠에 녹듯 사라졌다
길이 점점 울퉁불퉁해지고 거친 돌들이 나타난다
어둠의 속도에 넘어질 것 같아 발길을 재촉한다
한 차례 빛이 있던 자리에 돋아난 흔적을 본 것 같다
착각이었나
아침이 되고 정말 아버지가 죽었다
간밤, 스산하고 낯선 손길이 닿았던 것도 같다
아버지는 마지막으로 나에게 오던 길에 불빛을 모두 끄고
거친 돌밭 길을 지나 나의 어깨에 손을 얹고 지옥으로 갔다
병원에서 도망치듯 횡단보도를 건널 때 차에 치였다
욕지거리를 한참 들으며 나는 봇물처럼 터졌다
나에게서 쏟아지던 어둠은 도로를 마비시켰다
한낮 사람들은 나를 둘러싸며 거대한 그늘을 만들었다
도망을 친 그 순간부터 나는 아버지와 다른 지옥이 시작됐다
어둠을 만든 사람들은 웅성거리며 나의 죽음을 확인했다
동동거리던 주동자는 자신의 재수 없음을 어필하며 울먹였다
나의 피가 도로를 더럽게 뒤덮고 그제야 그늘이 사라졌다
나는 아버지가 죽은 병원으로 저항도 없이 돌아갔다
의사는 나에게 이름을 물었다
내 이름은 개새끼입니다

착각이었을 지도 모른다

그날 이후 나는 아버지에 대한 미움을 잃어버렸다

아버지는 죽음으로서 나를 거대한 그늘에 가두었다

나는 그 지옥에서 기꺼이 벗어나지 못했다

기껏 바뀐 자리는 아비도 없는 불쌍한 자식이었다

병원 앞 사고 난 자리, 흰색으로 칠해진 나의 자리를 본다

저 자리에 누워서 나는 무엇을 잃어버렸나

나는 더듬더듬 그 자리에 가만히 누워 본다

빵빵거리는 자동차들 사이로 사람들의 욕설이 들린다

들으셨어요?

나는 아버지를 마음껏 욕해도 되는 후레자식이 되었다

자랑스러운 미움을 되찾기로 결심한 날부터 거침이 없었다

착각이었다

나는 처음부터 아버지의 삶에 없던 자식이었다

혼자 낑낑거리며 빛의 흔적만을 찾아 헤매었다

처음부터 빛 따위는 없었고 스키드마크만 남아있었다

도둑

누가 나의 과거를 훔쳤나

엄마의 맏딸은 세상에 둘도 없는 모범생
아빠의 맏딸은 제일 부지런한 살림꾼
나는 기대와 바람을 가득 넣은 풍선처럼 떠 다녔다

가라앉고 싶은 풍선은 없지만
터지고 싶은 풍선도 없다

바람은 나를 어디론가 데려갔고 기대는 나를 키웠다

내 안에 가득한 바람이 새어 나갈까 말을 잃었고
가득해져 버린 기대가 무너질까 계속 올라갔다

언젠가 멈출 내가 두려워 조금씩 숨을 뱉으려 했다
숨을 멈추며 가끔 터져버리기를 바랐다

그런데
끝이 아니다, 나조차 포기한 삶 위에 더 살아내야 한다

혼미한 하늘 위에서 바라본 세상
누가 나의 과거를 훔쳤나

내 가슴에 맺힌 풍선들이 터져 나갔다
핑계를 만든 죄책감에 부모의 얼굴도 제대로 보지 못했다

원하지 않던 바람과 기대가
나를 돌이킬 수 없는 하늘 위까지 떠밀었다

태어나 내가 한 선택이 그렇게
책임감을 주렁주렁 달아야 할 몫인 줄 몰랐다

가슴에 맺힌 말들을 꺼내려는데 무슨 말을 해야 할까
미안합니다
도둑은 없었지만 존재했고 때로는 너무 많았다

내 과거는 그렇게 풍선처럼 쪼그라들었다
쭈글쭈글해진 한때는 팽창했던 모든 자국에 도둑의 흔적을 남겼다

한겨울

오늘도 지치지 않고 뛰어내리는 꿈을 꾸었다

불어오는 평화로움이 쌀쌀하다
창문을 열지 않아도 매서운 공기가
차가운 얼굴로 다가와 뺨을 갈긴다

올라가는 것은 가장 어려운 방법으로 근육을 늘린다

아무리 온도를 올려도 변하지 않는다
위까지 올라갈 수 없는 서늘한 공기가
뾰족한 이를 드러내며 거칠게 팔목을 문다

보잘 것 없는 방의 공기를 데우기 위해
헛 구역질을 하며 숨을 내 쉰다

저 위 참을 수 없이 시린 공기를 죽이고 싶다

2장

어둠이 진해지면 뜬다.
저마다의 달이

별 모양 이별

그렇게 사라져 갔던 사람들에게 나는 한 번도 웃지 못했다
사실은 많이 사랑받고 싶었음에도
나는 솔직하지 못했다

좀처럼 익숙해지지 못한 이별
원하지 않는 시작과도 같은 헤어짐이었다

새벽 희미한 실루엣처럼 확실하지 않았던 우리
반짝이는 길잡이 별처럼
모든 별이 아름답다는 믿음으로 걸었던 때가 있었다

나의 부족한 웃음 때문이었나
가벼워서 어디론가 날아갈 것만 같았던 우리
움푹 파인 발걸음에 기다림을 묻어 버렸다
사라져 간 너를 따라 나의 발자국만 깊어졌다

너희들을 보내고 갓 튀겨낸 치킨과 빵을 씹었다

여전히 죽어가는 별을 찬양하는 노래를 듣는다
나를 잊은 이들의 마음이 사해지면 별은 말한다
아직도 영원함을 믿어야 한다고
나의 모자란 웃음이 이른 이별이 될 때 별을 찾아야 한다고

너를 보내고 난 뒤 내가 믿었던 별이었기에

한 번도 너를 꺾을 수 없었음을 알았다

내 사랑을 꼭꼭 숨기며

아무도 모르게 절뚝거리는 사랑을 했기에 늘 앓았다

버려질까 두려워

딸기에 대한 기억

똑같은 함정에 빠졌다
나를 바라보는 너 때문에 강해져야 했다

같은 돌부리에 넘어졌고
모양이 비슷한 곳에서 자주 길을 잃었다

나는 딸기를 좋아한다
붉은 딸기가 주는 그 달콤한 향을
그래서 딸기를 넣고 술을 마셨다

담배가 나를 피울 것 같아 아예 입에 물지 않았다

내게 권하는 것들은 대부분 나쁜 것들이었다
나는 옹기종기 모인 그 집단들을 사랑했다
혼자서 견딜 수 없어 모두 손을 잡고 함정에 같이 빠졌다
나는 그런 약하고 여린 부끄러움을 좋아했다

깊은 밤 혼자 어둠 같은 술을 마셨다
가득 차 버린 어둠 안에 둥둥 떠다니던 딸기 냄새
술을 마실수록 아버지처럼 잠식됐고
몇 개월을 버텨도 다시 아른아른한 술의 힘에
엉금엉금 기어가 기어코 함정에 빠졌다

누워서 바라본 하늘이 왜 그렇게 부끄러웠는지
흔들리는 시야 속에 딸기 모양 구름이 흘러갔다

낮잠을 자고 일어나면 검은 비닐봉지 안
단 냄새를 풍기며 짓무른 딸기 냄새
사랑받았던 냄새가 나를 일으켰다

나를 바라보는 너의 눈이 예전의 나와 닮아서
누군가의 슬픈 눈을 영원히 감기고 싶어서

술은 내 몸을 망가뜨리고서야 사라졌고
나는 똑같은 함정에 빠졌지만 더 달콤한 딸기가 있었다

더 이상 부끄러운 아버지의 눈을 하지 않았다

사과

붉은색 사과를 깎아서 하얀 사과를 주는 너의 손
색이란 얼마나 의미 없는 일인가
달콤한 사과를 입에 넣고 오물거리며 너의 눈을 본다
맛이란 어디까지 솔직할 수 있는 것일까

충혈된 사과가 울먹이는 맛을 내민다

주섬주섬 먹다가 목이 메도 나는 그 사과를 모두 먹어야 한다
너는 끝까지 사과가 사라지는 것을 보아야 한다
사람들은 독한 평화가 깨지지 않길 원한다

사과는 다른 맛을 내밀고
그 사과 앞에서 나는 끈질긴 소원을 담은 사과를 먹어야 한다
내밀고 있는 네 손이 떨려도 너를 용서할 수 없을 것 같다

네가 내민 사과는 지난여름에 만났던 붉은 사람을 닮았다
애써 깎아 빛을 없애도 스며든 향이 지난 언젠가였다

무엇을 먹어도 달콤할 수 없고 하나를 다 먹어도 배가 부르지 않는
썩어버린 과거의 냄새를 가진 사과에서 벗어나고 싶다

같은 사람이 너와 같은 사과를 들고 늘 찾아온다

독기가 가득한 너희들은 어디에서 자라나는 것일까
어쩌면 그렇게 딱 맞는 맛과 향을 들고 나에게 오는 것일까

마침 배가 고팠다는 연기를 하며 마음껏 웃어본다
우리는 까르르 웃고 있지만 누구도 웃지 않는다
사람들 앞에서 사과를 깎고 사과를 모두 먹어 치운다
그제야 사람들은 일제히 사라지고 남은 우리는 껍질을 치운다

가득가득 담긴 사과 껍질을 주머니에 쑤셔 넣고 가방에 담는다
우리는 껍질을 나눠 담고 서로의 수고를 애써 외면한다

프랑켄슈타인

나는 앞이 없는 사람
뒤와 뒤가 합쳐져 얼굴이 없는 사람
입이 없는 사람
겨울 한밤의 추위에도 입김 하나 내뱉지 못했다

겨울에도 눈은 내리지 않았고
크리스마스는 존재하지 않았다

콧물, 눈물도 없이 갈 수 있는 방향도 없이
한겨울 뒷모습만을 보이며
다정하게 한 사람에게 웃어 주지도 못했다

나의 서늘한 손을 말없이 잡아주던 사람도
나의 얼굴이 없음을 탓하며 떠났다

모두 다 가버리고 혼자 남은 그네에 앉아
말없이 흔들리고 있던 밤에도
홀로 뜬 달을 보며
행복해지자고 다짐을 해도 앞은 보이지 않았다

나는 그렇게 앞이 없는 괴물이 되기까지
불과 몇 초가 필요했다

나는 내 눈을 바라보지 못한다
하고 싶은 말을 쏟아내지도 못한다
그저 왜 태어났을까 라는 질문으로
청춘이 지났다

괴물은 아무것도 부시지 못한 채 나를 파괴했다
끝내 모든 것들을 망가뜨리고서야 알았다

그렇게 사랑받고 싶었나
그렇게 외로웠던 거니

한없이 울고 있는 나의 뒷모습은
누구보다 슬픈 이의 뒷모습을 알아보았다
그렇게 나는 초능력이 생겼다

꿈의 날개

꿈꾼다는 것은 이석증 같다
그것이 맞다고 이야기하는 쉬운 얼굴들
세상이 빙빙 돌고 있다

오늘도 종일 꿈. 알레르기 같은 재채기,
같은 세상을 꿈처럼 날 수 있다면
무섭지 않을 막다른 오늘
언제나 꾸었던 꿈을 정리하며 삼켜버린 진심은
그리 새로울 게 없는 매일 먹던 찬밥 같다

돌아오지 않을 과거에 뒤척이던 밤
시작은 늘 현실에서 타협점을 찾는다
현실에서 꿈을 꾼다는 것은
하늘과 날개를 잃지 않으려는 것
밥에 잠식당하지 않으려는 것

오늘도 꿈을 이룬 사람들에게 박수를 치다
재채기가 튀어나왔다
뒤척이던 지난밤을 큰 숨으로 뱉어도
체한 듯 낫지 않는 귀앓이
윙윙 날갯소리 어지럽다

어제 새는 살아 있었다

떨어지는 눈에 그림자가 붙는다. 그림자의 색을 입은 눈은 색이 없다. 그렇게 밤새 말하지 못한 진실처럼 쏟아부었을 것이다. 그림자가 만든 그늘이 넘쳐흐르는 침묵의 밤을.

잔뜩 부은 하늘은 어제 죽은 새처럼 빳빳하다. 눈 안에 뜨거웠던 소리가 조용히 묻혔다. 눈 위에 제 몸을 던지고 죽어가는 동안 새는 긴 밤의 간절함처럼 천천히 굳어갔다.

툭툭 부리로 새를 쪼고 있는 눈. 눈은 누구보다 쉬운 답을 내놓는다. 날개깃 하나 보이지 않을 만큼 내린 폭설은 무덤의 주인을 안다.

선명한 새의 무덤 위로 사람들의 그림자가 엉킨다. 끝내 아무도 새의 색을 뺏지 못했다.

여행일지

반찬으로 나오는 김처럼 실패는 바삭거리며 짠맛을 낸다. 오사카를 걸을까. 패배자의 휴양지는 낯설고 소금 가루처럼 날리는 다른 짜디짠 맛은 어디에 있을까.

성공이 아닌 삶은 가치가 있어도 맛은 없다. 소금에 재워진 짭조름한 아침 반찬은 입맛을 살린다. 서걱거리는 소금이 갈증을 부른다. 벌컥벌컥 들이켠 물도 짠맛을 씻을 수 없어 비행기 표를 끊었다.

성공을 앞에 둔 그 한 발짝이 소금이 잔뜩 뿌려진 기내식에 나온다. 혈관을 모두 채우는 소금 알갱이. 사람들처럼 뒤섞여진 반찬들 틈에서도 단연 도드라지는 짠맛. 나는 어쩌면 한 번도 실패를 앓지 않았다.

우리는 살았고, 살고 있다

폐허 속에서 무엇을 보았나
우리는 살아있고 기억은 잔인하게 성장한다

한때는 누군가의 자랑이었던 집이
부서진다. 시멘트 가득 돌덩이로
누구도 가져갈 수 없는 무거움으로
재활용도 안 되는 쓰레기로

그러나 따뜻함이 이곳에 배어 있다

갈라진 돌덩이 틈으로 깨진 유리창 사이로
웅웅 울음소리가 들리면
폐허 속에서 헤매던 음성들이 찢어진 몸을 부른다

엄청난 소리로 그렇게 무너질 수 있었던 것은
지키고 싶은 무언가를 안고 있었기 때문이다
아무도 폐허에 오지 않아도 그들은 자란다

그렇게 헌 집을 보내고
성장이 시작된다. 무너진 집 위에서

끝없이 흐느끼던 눈물이 젖은 자리에서 시작된다

뜨거운 한낮

영하 5도, 투명하고 얼얼한 이 추위가 보여 준 세상이 가짜 같다
깨질까, 조금씩 움츠리며 걷는 발가락들이 긴장하듯 힘을 주는 거리
넘어질 것 같은 하늘에 금이 가기 시작한다
겨울 한낮의 하늘이 눈을 서서히 뜬다

어제까지 갇혀 살던 욕심이 다가온다
누구에게나 흔한 이야기를 빚처럼 안고 사는 것은 부끄럽지 않다
반짝이는 것은 원래 눈에 살았던 것처럼 잘 보인다

이 온도에서도 타오를 수 있는 욕심이 가장 아름다운 것을 찾는다
아름다움이 늘 옳은 것은 아니다
때로는 욕심이 반갑다

주춤거렸던 하늘에 금이 가기 시작하며 부서지고 있다

재촉하는 걸음이 욕심이 잡아끄는 손에 느려진다
뒤에 낮게 깔리는 것은 돌아보지 않아도 알 수 있다
오늘은 이미 흐린 하늘이다

하늘은 쨍한 파열음을 내며 부서져 내린다
쏟아져 내리는 하늘이 제법 무겁다
나의 이야기들이 멀미같이 출렁이고 울렁거린다

아무것도 할 수 없던 어린 내가 헤엄을 치며 손을 흔든다

비좁은 통로에 세찬 욕심이 새로운 길을 만든다

아무리 채워도 채워지지 않는 삶처럼
아무리 걸쳐도 가짜 같은 삶이 그렇게 나를 내려보고 있다

유리처럼 반짝였던 아름다운 것들이 깨지기 시작하면
풀려난 욕심은 걷잡을 수 없이 나를 끌고 거리로 나간다

가장 쉬운 답을 알고 있고, 가장 어려운 답을 알고 있다
사람들은 때론 욕심을 욕망이라고 부르기도 하고 꿈이라고도 한다
망가진 하늘에 가장 아름다운 유리 조각이 박힌 채 어린 나를 부른다

나는 영하 5도의 가장 뜨거운 한낮을 보내고 있다

집 앞에서

주머니를 뒤져 꺼내 보는 오늘은 가난한 느낌이 나
퀴퀴한 냄새와 풍기는 변명들

여름 끝 늦장마처럼 갑작스러운 여행은 겁이 나
마치 춤추며 달아나는 거리의 집시처럼 보이는 너

달그락거리는 동전 소리를 따라 눈을 감으면
어린 냄새가 나는 익숙한 길이 나오고

유혹하듯 내미는 너의 손을 따라가면 도착할 수 있을까
너의 노래가 태양처럼 뜨거웠던 처음으로
시시콜콜 쏟아지던 소곤거림 같은 너의 빛들이

지나친 모든 것도 오지 않을 여름처럼 소중했어

이제는 쏟아지는 습한 우기가 우리의 세계를 적시고
다시 돋아날 줄 믿었던 너의 웃음은 노랗게 시들고

달그락거리는 고장 난 여행의 마지막 앞에 다다르면
집 앞에서 다시 제자리를 돌고 있어
나의 어색한 시선이 머무는 곳마다 너를 향한 발걸음

흘러내리는 주머니에 그때를 넣어보는데
들어가지 못한 건 나의 뜨거운 진심이었을까

A와 새로운 A

A는 불을 켤 수 없다

비린내 가득한 신선한 생것을 먹는다

따뜻한 온기가 사라진 방에 웅크린다

머리에 불이 꺼지고 어둠이 가득 차면 생기는 울분에

불을 켜려 벽에 머리를 부딪힌다

불꽃이 만들어지는 순간은 공포다

꺼이꺼이 울며 한참 동안 눈이 부르트고 A는 흥얼거린다

이유가 없는 질문은 늘 정해진 답이 있다는 것인 듯

눈을 뜨면 A는 늘 처음인 곳에 도착한다

여기가 어딘지 모를 곳에서 한참을 걷는다

A는 처음으로 돌아간다

A는 가끔 A에 대해 이야기를 하고

A를 기억하고 A를 시기하고 A에게 거짓말을 한다

거짓된 기억이 진실이고 진실한 기억이

한 편의 영화처럼 읊어지는 오늘도 생고구마를 씹으며

화를 내고 눈물을 흘리며 노래를 말한다

사람들은 A를 피하고 A는 그래도 즐겁다

A는 오늘도 자신을 위해 노래를 불러 준다

한없이 청량하고 즐겁게

그렇게 A는 새로운 A가 되어 이전의 A를 잊어간다

여름 기나긴 비, 첫사랑

톡 쏘는 뜨거운 탄산수 군더더기 없는 여름이다

유난히 비가 많은 여름을 한참 걸었던 것일까
눈살이 찌푸려지는 찰나에도
시고 떫은맛이 침처럼 고여 입을 떼지 못했다
터벅터벅 한참을 걸어 삐죽해진 숨이 평평해질 때까지
다 못 뱉은 마침표가 찍히며 동그라미를 만든다

후드득, 비 틈으로 보인 너의 뜨거운 홍채 색
찰랑거리던 빗물에 발만 튕기다 어느새 지던 여름
이미 나라는 소나기가 너를 지나쳤다

기나긴 뜨거운 여름을 버리니 긴 비는 또 시작되고
동그랗게 타원형으로 진동되는
뜨거운 기억은 사라지고 시작되고

서늘한 에어컨에도 축축하게 젖어드는 익숙함
여름비에 첫사랑의 기억이 불쑥 흙냄새처럼 올라온다

눈의 일상

생일에 눈이 왔다. 너의 수술 날에도 눈이 왔다. 우리에게 온 눈은 춥고 얼어붙을 것 같았던 하루에 핑계가 되었다. 모두 눈을 보며 손을 불었다. 나는 너의 눈을 감기며 호오 입김을 불었다. 모두 추운 날 우리에게 마음껏 추워도 되는 눈이 왔다.

오후 2시였다. 오전에 내리던 눈이 더욱 추위를 독촉하듯 퍼붓기 시작했다. 너는 얇은 천을 뒤집어쓰고 하얀 입김을 냈다. 너의 얇은 이불 위에 이불을 다시 덮었다. 아무리 덮어도 이길 수 없는 추위가 네 곁에 잠들었다.

오후 3시의 눈은 그치지 않았다. 나는 커피 한 잔을 마시고 싶었고 살금살금 너의 잠을 깨우지 않고 싶었다. 눈은 유독 바람의 자리에 휘몰아쳤고 고요했다. 닿는 발길마다 실렸지만 사라지지 않았다. 아이스아메리카노를 시키고 창가 자리에 앉아 창문을 흔드는 눈의 손을 보았다.

오후 4시가 되고 눈은 지친 듯했지만 존재했다. 얼음들이 서로 부딪히며 내는 소리에 맞추어 사람들이 들어왔다. 모두 눈을 뒤집어쓰고 도망치듯 문을 열었다. 문 사이로 끈질기게 들어오는 눈을 털며 따뜻한 커피를 앞다투어 시켰다. 자리에 앉아 사람들은 눈을 아름답게 보았다.

오후 5시에서야 약해진 눈을 밟으며 너에게 갔다. 너는 쓰러진 눈 뭉치처럼 하얗게 녹아 있었다. 너의 젖은 손을 잡고 너는 젖은 미소로 생일 축하 노래를 불렀다. 햇빛은 존재하지 않았던 하루의 끝에서야 병원 창문을 활짝 열었다. 눈들이 반짝이며 흩날렸다.

너는 그렇게 누운 채 웃었고 나는 창문을 붙들며 깔깔거렸다. 눈은 꼼짝하지 않았다.

늦은 사랑

잠깐 지나가는 불인 줄 알았다
따가운 공기 사이로 입김 같은
뜨거운 소주 냄새

가까이 내뱉는 숨소리가
술잔이 비워지는 속도처럼 독해졌다
누구도 찾아오지 않던 잊힌 나의 숲은
밤의 어둠 속에서 눈을 떴다

내 나이가 몇이더라
다음 달에 갚을 대출금은 얼마지
어둠을 메우며 타는 불이 점점 번진다
냉큼 소원이 담긴 빈 동전 하나를 던져 본다

숲은 생각보다 금세 타 버렸다
잠깐 들렀던 희망은 짙은 밤을 그렇게 불렀다그러나
모두 다 타고 남은 재의 색이 빨갛게
내 새끼손가락 끝을 물들었다

뜨거운 불 한 덩이가 새겨졌다

축제

노을이 물들던 하늘은 사실 아름답진 않았다. 탄성이 잦아들기 전 나는 기타를 든다. 축제의 눈시울은 곧 밤이 다가옴을 알고 있다. 보이지 않던 야심들이 가벼운 먼지처럼 천천히 저녁 하늘에 퍼지고 곧 터질 폭죽처럼 알 수 없는 두근거림.

어릴 적 바람 하나 불지 않던 어두운 다락방. 모두가 잊은 그 다락방 닫힌 문 사이로 무너진. 어떤 소리도 낼 수 없던 칠흑 같은 고통의 기압을 난 알고 있다.

끝을 향해 몰아가는 호흡처럼 가냘픈 바람이 타버린 하늘 끝에 걸렸다. 하늘이 황달처럼 물들였던 눈을 뜨고 응시하는 안간힘으로

기적처럼 눈먼 밤이 오면 눈부신 폭죽이 거친 숨을 뱉으며 환호성으로 먼지를 털어낸다. 아침이 오기 전까지 가장 어두운 함성 같은 메아리로 다시.

도망치지 않았던 길은 두려움에 젖어도 네가 숨겨 왔던 기타를 꺼내 아름답지 않은 노을을 노래하자. 기타를 기다리는 밤. 앞으로만 걸어갔던 방향을 향해. 자, 이제 곧 축제다.

사랑에게 지고 싶었다

처음, 규칙 없는 고무줄 같았다

네가 사라지면
무덤의 십자가로만 살 줄 알았는데
나는 이름을 잊은 부랑자처럼 살 줄 알았는데

네가 나인 듯
보이지 않는 사랑 같은 것이 진짜 있더라
고달픈 삶에서
뜨거움과 뜨거움 사이에서

네가 사라지고
살아있다는 것은 하루를 허둥거리다
고통은 느끼는 것이 아니라
온몸에 새기는 거라고
사랑이 가르쳐주었다

네가 사라지고
내가 사라졌다

우리가 이렇게 함께 살고 있다는 것이
내 존재를 안심시켰다

그리고

그냥 내가 되었다

누구보다 뜨거웠던 시간을

나라는 존재가 이겼다

별 이야기

늙은 고백이 투두둑 떨어지고
거센 침묵으로 돌아선 너를 따라
고백은 작은 생채기조차 되지 못한 채, 큰 숨소리 하나 내지도 못한 채,
파리한 얼굴을 하며 너를 따라
빈 주머니 안 찢어진 말들과
거칠게 내뿜는 너의 침묵 끝에서
우주를 향해 버려졌다

힘이 다한 고백의 시체는 그 어떤 것도 밝힐 수 없는 죽은 돌이 되어
하염없이 떠돌았다

그때 죽었어야 했다고 고백은 생각했다 무엇이 그렇게 서럽다고
소리도 들리지 않게
무엇이 그렇게 아프다고 한참을 절뚝거리며

고백은 우주에서도 한참을 걸었다
오랜 시간이 흐르고 흐른 뒤에야 너를 당기는
무게를 알 수 없고 크기를 알 수 없는 별을 만났다

그리고
어느 날 현미경으로 매우 아름다운 두 별을 발견했다
가난을 만나 가난해진 너는 별을 만나 별이 되었구나

우주를 가는 동안 너의 고백은 이런 생각을 했다고 한다

다시 태어난다면 가장 아름다운 진심이 되겠다고

많은 고백들이 모두 별이 되진 못했다
별이 된 고백들은 그중에 몇이었다

그러기 위해선 우선 우주로 향해야 한다
고통을 한가득 안고 꺼이꺼이 밤새 울며 어두운 그 길을
그렇게 하염없이 퉁퉁 불은 얼굴로 떠돌아야 한다

그렇게 어두운 밤하늘에 반짝이는 진심이 되고야 만다
별이 되고야 만다

하지 못한 말

숨겨 놓았다. 다리가 너무 저려서
말짱하게 걸을 때마다 어긋날 것 같은
뼈마디 같은 말을 삼켰다
분명 숨 쉬며 사는 오늘인데
가끔은 숨을 쉬는 방법을 잊었다

바닥보다 더 낮은 곳이 존재하는 어딘가에서도
숨소리가 들렸다
살고 있었다
굳이 파 보지 않는
흘깃 눈길도 서둘러 도망치는
혹여 나올까
한 번씩 밟아버린 땅 위에도 새어 나왔다

바르게 걷다 어쩌다 절뚝거릴 때면
아픈 발을 구르며 욕을 했다
죽였다. 가슴이 너무 아파서.
버렸다. 어깨가 너무 무거워서
도망치는 발자국이 어지럽게 찍힌 오늘,
그리고 오늘 그렇게 쓰러졌다

이게 나일 리가 없어

온몸에 두드러기처럼 퍼지는
간지럽고 마비될 듯 저리는 이야기들
저대로 두어도 괜찮다며 외면했던
시간만큼 낮은 곳의 이야기들

어떤 것도 자라지 못한 채
썩어버린 냄새가 숨소리와 함께 올라온다
두려웠다. 자꾸만 어려서
가난했다. 미치도록 가벼워서

변명을 술병처럼 던지며 잠들어 가는 나를
가장 경멸한 건 나였다
오늘도 제대로 걸을 수 없는 몸을 일으키며
가장 높은 땅을 밟는다

한번 꺾여도 괜찮을 익숙한 발을 신발에 집어넣으며
한겨울의 심장을 함께 끼워 넣는다

평생 하지 못할 수도 있을 말을 가진 사람들은
모두 가면의 신발을 신는다

평생 하지 못할 이야기를 가진 사람들은

버려진 이야기와 마주친 우리가
외면해야만 했던 그 순간을
우리는 가장 아름다웠던 시간에 떠 올린다

울먹이는 이야기를 가장 낮은 곳으로 끌고 가
아무도 모르게 묻어 버린 우리는
그 가장 높은 곳에서 그들을 밟으며
죽지도 않는 그들이 돌아올까 두려워
가장 높은 땅을 만든다

가장 슬픈 무덤을 지켜 낸다

넌 여름

여름의 냄새를 가진 너를 응원해. 햇빛을 피해 걷는 너의 가방에 가득 찬 오늘 리셋된 무게의 뜨거움. 글 한 장에 오천 원을 모아 사고 싶었던 꿈의 가벼움. 손톱을 뜯으며 써 내려간들 변하지 않을 한여름의 푸른 나뭇잎처럼. 그늘로만 걸어가도 피할 수 없는 여름의 영혼. 커피 한 잔의 사치에 시원한 바람을 사고 갈 곳 없는 나무처럼 뿌리를 내리고 자라는 너를 응원해. 뿜어내는 너의 진 푸른 냄새는 여름의 색처럼 퍼지는데. 난폭한 여름의 비를 맞으며 더 진하게 돋아나는 너의 심장 소리가 들려. 너를 응원해. 오늘도 손이 데일 것 같은 한낮의 서늘함에 이불을 턱 밑까지 올리지만 울컥거리는 짠 여름의 냄새를 가진. 넌 여름.

상처

그냥 상처 받아라
너의 말이 참 못났다
그래도 피할 수 없이
상처를 앓아야 한다
한동안 짐승처럼
헤매야 한다
온 마음을 다해
던진 상처를 물고
이로 짓이기고 씹어야 한다
담담한 척 내민 시선에
수없이 꽂힌 화살들이
빽빽하게 적어 놓은 말
사랑받고 싶었다
너의 말이 참 슬펐다
욕을 내며 성을 내야 하는데
남겨진 것이 없는 말들이
어찌나 가벼운지 사라졌다
가장 잔인한 독을 벼르고
골라온 화살을 들고 있는데도
태어나 처음 피가 나는 것처럼
바르르 떨며 뱉어낸 말 고작
너의 이름

세 글자

울부짖는 상처를 외면하고

도망가듯 따라다닌

긴 시간 우리에 갇혀버린 말

그냥 제발 상처받아라

인제 그만 화살을 놓아라

마음껏 상처받아라!

꽃은 필 수 있다

가슴이 하는 말은 모두 어디에서 시작된 말일까

이제 모두 늙어버린 시간 곁에서, 남은 것들은
빛이 바랜 위로와 가벼운 뿌리다
진지한 사람들의 얼굴에서 피어나는 빛을 쬐며
나는 가장 약한 꽃이라고 믿었다
그들의 맹목적인 믿음에 어지럼증을 느꼈다
나는 어쩌면 가장 악한 꽃이었다
어울리지 않는 고목들 사이에 피어난 존재
그들의 배려 깊은 이파리들 틈으로 삐죽이
그곳에서 가장 느린 꽃이었다

모두 꽃이 피는 과정을 보지 못했다
그래서 나는 꽃이 피는 과정을 설명하고 설명했다
가끔은 꽃을 부정하는 나무를 만났고
가끔은 꽃봉오리를 달고 온 향기 가득한 나무를 보았다
그들은 모두 나무라는 사실을 잊고 있었다
한때 꽃을 피운 사실도 잊은 이들에게
꽃의 이야기는 어땠을까

꽃은 필 수 있다

내 몸이 가벼워지기 시작하면
꽃잎이 떨어진 채 하늘 위로 위로 올라간다

가슴이 하는 말은 지지 않는다
모든 잎이 다 날리고 아찔한 높은 공간에서
나는 또 한 번의 떨어짐을 견뎌야 한다

그렇게 다시 아주 크고 큰 고목 틈에서
모두 믿고 싶지 않은 이야기를 하며
또 태어난다. 또 피어난다
그들이 나무인 것을 잊은 것처럼

가슴에 박힌 쓰린 씨앗을 키워낸다

사라진 브레이크

커피 한 잔을 주문하고 창밖을 보았다
비는 멈출 줄 모르고 나도 멈출 줄 몰랐다
우리는 모두 브레이크가 없는 과거를 가졌다

돌이킬 수 없다는 사실,
자꾸 흔들리는 사실, 그래서,
그래야만 하는 것이다.

돌이킬 수 없어
목적지를 향해 흔들리며 떨어지고
내릴수록 가속이 붙었다

어제 그렇게 맑았던 하늘
왜 멈추지 못할까

함께 떨어지는 비의 침묵이 들린다
무엇이 그렇게 두려웠을까
목표가 보이지 않아도 우리는 길을 알고 있다

더 이상 비가 내리지 않아도
우리는 멈추지 않고 흘러갈 것이다
엉겨 붙은 후회도 언젠가는 내려간다

한 모금에도

좁은 식도를 따라 내려가는 커피의 존재가 뜨겁다

아무도 알려주지 않아도 우리는 그것을 아름답다고 바라본다

한동안 비는 멈출 생각이 없다

오늘

오늘도 언젠가의 그날
그래도 국밥을 넘기며 허기진 밤을 채울 수있다
엄마는 약을 잃어버렸고 동생은 악을 쓰며 운다
애인은 나와의 약속을 잃고 술을 마신다
언젠가 보았던 그날그날이다
뜨거운 국물을 무디어진 위에 채우는 지금
다음의 오늘에 무엇을 채울 수 있을까
혹시나 하는 마음을 뜨거운 입김으로 식힌다
엄마는 기억을 잃고 동생은 엄마를 잃고
애인은 약속을 잃고 나는 무엇을 잃었나
과거의 후회는 늘 선지 냄새가 난다
익혀진 핏덩어리 같은 덩어리를 부수며
아무것도 하지 못한 숟가락을 담근다
무엇을 해야 할지 막막함에 밥을 넘기며
끊어지지 못하는 식도처럼 끈질긴 우리
무기력하게 늘어진 채 끊기지 않는다

게으름이 산다

지진이 일어난 뒤 굳어버린 집에 게으름이 산다. 돌덩어리 같은 냉장고 속 음식에 버퍼 링처럼 구더기가 들끓는다. 멈춰진 티브이 위 꺼진 핸드폰. 표류하는 전파처럼 끊어진 나. 약한 곰팡이 냄새에 쫓기듯이 깜빡이는 전등처럼 쪼그린다. 갈라지는 땅 사이로 꺼질 듯 울먹이고 있는 오늘이 끝난다. 흔들리는 헤진 커튼을 붙든다.

뒤척이는 밤이 귀를 쫑긋거린다. 달래는 밤의 혓바닥이 끈적이게 바닥을 핥는다. 미지근한 온도는 부패의 색을 부른다. 게으름은 푸른빛이 될 수 없는 푸르스름한 색을 기꺼이 만든다. 헤질듯한 색을 한 온도가 달려드는 밤에 잠들 수 없는 빛들. 사실은. 전해지고 싶지 않은 진실이 빛을 받아 반짝인다.

언젠가부터 전등에 불이 깜박인다.

병에 대한 기록

이유는 없다
사람들이 물어봐도 해 줄 이야기는 없다
하루 종일 웅크린 채 울다가 울었다
나는, 아마도 망할 병에 걸렸다

어떤 날은 괜찮았고 어떤 날은 좋았다
그래서 마음에 구멍이 난 것을 몰랐다
구멍은 점점 커져서 아무것도 담을 수 없게 됐다
실오라기가 빠지듯 점점 사라져가는 마음을 잡고
어쩔 줄 몰라 손을 떼지 못한 채 웅크렸다가 일어나지 못했다

언제부터였냐고 물으면 모른다
태어난 것처럼 그냥 우울했다
웃어도 우울하고 울어도,

그냥 비가 내렸다, 그래서였나
갑자기 날씨가 더워졌다, 그래서였나
아침에는 미친 사람처럼 운동을 열심히 했다
저녁에는 쇼핑을 시작했고 밤에는 꿈을 꿨다
내 병은 튼튼하고 화려해졌다

새로 산 티셔츠에 과한 악세사리를 걸고

가득 차서 넘치는 운동화를 쇼핑하듯 골라 신고
문을 열고, 닫았다, 다시 열었다
한 발짝도 움직일 수 없었다
우울의 손가락 하나, 손가락 하나가 느껴졌다

시발 거리는 욕이 엊그제 산 옷과 방에 넘쳤다
새로 산 냉감 인형을 안고 한참을 울었다
자꾸 이유를 찾았지만 병은 새로 산 옷처럼 넘쳤다

마음이 모두 사라져 버리면 어쩌지
움켜쥐던 손에 힘이 빠진다
투두둑 찢어지며 마음이 계속 비워진다

실은 익숙하게 풀어지고
아무 저항도 못한 내가 드러난다

나는 병을 앓아야 한다
이유를 몰라도 아파야 한다
그래야 일어설 수 있다
그래야 이 많은 옷더미 속에서 일어날 수 있다
그제야 문을 열고 나올 수 있다

용서란 없다

나는 아무것도 용서하고 싶지 않다

이제 우울의 손을 놓아야 한다

이제 울어야 한다

우울을 낳은 이유들이 많아질수록 더 울어야 한다

그렇게 다시 몇 번이고 일어나야 한다

잊는다

노래를 잊어버린 그 새가 입을 벙긋거리고. 어느새 얼어가는 온도에 새들은 말을 잃고 그 새는 자유를 얻는다. 잊을 수 없는 것들이 때론 너무 쉽게 지워진다. 잊힐 것 없을 것만 같던 분노 같은 이야기들도 거품처럼 터져버리듯 사라지고 보이지 않는다.

늦가을의 단풍잎처럼 붉게 물든 부끄러움은 어느 뜨거운 계절에 묻고 그 새는 행복한 계절을 맞이한다. 짧지 않은 시간 속에서 잊어야 할 이유들을 따 먹으며 그 새는 폭풍처럼 울부짖는다. 거친 절규는 분노처럼 쉽게 만들어지고 쉽게 지친다.

새들의 틈에 껴 날개를 접고 아무 일 없듯 눈을 감는다. 포근한 일상은 망각처럼 하얗고 젖은 냄새가 나는 겨울을 부른다. 뜨거웠던 여름의 분노를 잊은 채 새로운 분노를 꿈꾼다.

노래하라

종종걸음으로 외웠던 말들
슈퍼 앞에 한참 동안 얼굴이 빨개져 뜨거웠고
손이 차디찬 나는

외상이라는 말을 순간 잊어버려 더듬거리던
그렇게 들어있던 낮과 밤

서러운 노래는 한참 너를 울게 할 테지만
노래하라 목이 찢어지도록

돌아서 갈까 몇 번이나 서성이던 나의 일상이
누군가에게는 한없이 따뜻한 빛이었어도

그대, 노래하라
두려운 노래는 너를 달리게 할 테지만

아무 소리를 낼 수 없는 존재는 죽은 것 뿐
살아있는 너의 목소리로 저 멸시의 길을 걸어라

뾰족한 숨을 고르고 골라 그늘에 앉아 외웠던 말들
한참을 외워도 외워지지 못했던 맘들
너의 계절, 낮과 밤을

숨죽여 하나하나 골랐던 말들

작았던 목소리를 높이고 높여
작은 마음속에 꼭꼭 숨었던 숨을 뱉어라
이제는 노래하라

살고 싶어
죽기보다 싫었던 길을 걸어 도착한 슈퍼 앞에서
너의 간절함을 부끄러워하지 말고

마주친다

돌아오는 주머니 속 들끓는 것

용암처럼 굳어진 입으로 뿜은 욕
녹아내리는 마음에 데어 버린 몸
편의점 소주를 들이부어 버린다

휘청거리는 사람들이 소금처럼
짜디짜게 흔들리며 눈에 적신다
부어진 눈이 희미한 시야 속에도
길을 찾아 종잇장 같은 다리를
휘적거리며 걷는 중독 같은 삶

바닥에 누워 뿜어내는 욕설과
뭉텅뭉텅 돌이 되어 식은 가슴
허무한 바람에 휘파람을 분다
오무라진 소리가 머뭇거리며
쪽지 같은 단어들을 부른다
누운 나를 일으켜 세우는데

소주병처럼 깨진 어린 소녀의
날카로운 손톱이 주머니에 있다
빠져버린 꿈의 흔적과 마주친다

불사조

그대로 재를 뒤집어쓰고 가루처럼 날리는 눈에서 태어났다. 가슴속 불덩이 같은 바위를 뚫고 나온 어두운 밤. 초승달처럼 뜬 너의 말들이 나를 일으켰다. 세상이 잠든 고요의 시간에도 가슴에 쿵 떨어지는 너의 무심한 웃음이 불씨처럼 뜨거웠다. 토해지고 읊조려지는 듯 퍼지는 재의 무게. 재투성이인 채 뱉어내는. 이야기처럼 전해졌던 나의 핏빛 붉은 눈을 마주하리라.

기다려. 빈 날개 덩어리를 파닥이며 재 속에 선 다리에 새겨진 바람. 너의 생기같이 나는 더욱 붉게 물들고 너의 태양처럼 나는 더욱 붉게 새긴다. 문신처럼 온몸에 붉은 생채기. 부풀고 깊은 상처가 되어 불꽃처럼 타오르리. 더 단단하게 두들겨지고 태워지리라. 기다려. 너의 웃음소리가 어두운 이 공간에 꽉 들어서면 재를 뒤집어쓴 새가 날아 노래하리라.

축하의 글

I

내가 어쩌지 못하는
어느 시점에 숨길 수 있다면
숨기고 싶은 옆으로 길게 누운 어둠
아픔과 통증이 사라지지 않는
저 심상의 밑바닥을
크고 아름답고 밝은
"흰 달"을 통하여 치유받길
원하는 시인의 심성이 녹아있고

아직도 어딘가 어둠 속을
헤맬 그 누군가에게
진솔하고 담담하게 손 내민
시인은
"밤이 깊을수록
더 밝게 비추는 달"을 통해
희망을 외치고 있습니다
감성적이기보다
내면의 목소리가 담겨있는

이지선 시인님의 삶에 대한
따뜻한 위로가 되는
"흰 달" 시집 출간을 진심으로
축하드리며

독자들에게 오래 사랑받는
시집이 되기를 축하드립니다.

- 단혀 양경숙 시인 (낭송가)

II

결이 고운 듯하면서 색깔이 뚜렷한 그녀의 시는 상처를 딛고 일어선 영혼의 갈망이라 할 수 있다. 몽환적이기도 하고 상징적 이미지의 독백이 낮은 목소리로 울림을 준다. 많은 작품들에서 보이는 빈곤과 사회적 소외 가운데 회복의 의지와 성장해 나가려는 따뜻한 삶의 의지가 보인다.

저절로 배어 나오는 물기 어린 고백적 시는 점진적으로 앞으로 나아가고자 하는 발산의 몸부림이라 볼 수 있다. 곳곳에서 숨 쉬고 있는 치열함은 역설로 다가온다.

밤이 깊을수록 밝아지는 흰 달, 각자가 짊어진 어둠 속의 내면 혹은 희미한 희망일 수 있다. 누구나 품고 있을 수 있는 어두운 기억을 밝히는 그것을 딛고서 밝은 곳으로 나아가는 어두울수록 빛나는 존재 우리가 그녀를 주목해야 하는 이유다. 이지선 시인의 시는 더더욱 빛날 것을 안다.

- 정혜령 작가 (수필가)

III

 시인이자 소설가로서 우리 시대의 문학을 풍요롭게 만들어가고 계신 이지선 시인의 세 번째 시집 『흰 달 이야기』 출간을 진심으로 축하합니다.

 시인은 이미 두 권의 시집을 통해 인간 내면의 복잡함과 삶의 다양한 풍경을 섬세하게 그려내며 많은 독자들로 부터 사랑을 받아오셨습니다.

 시집 한 권이 세상에 나올 때, 그것은 단지 종이 위에 적힌 시어들이 아니라 한 사람의 시간, 고통, 성찰, 용기의 결정체입니다. 이지선 시인의 세 번째 시집 『흰 달 이야기』는 바로 그런 결심의 산물입니다.

 시인은 『흰 달』의 서문을 통해 '가장 어두운 이야기를 하려고 한다'라고 말하며 두 번째 시집을 넘어선 후에야 비로소 '가장 하기 싫은 이야기'를 마주할 힘을 얻을 수 있었다는 고백으로 이 시집이 단순한 창작을 넘어선 시인 개인의 깊은 치유와 성장의 기록임을 짐작게 합니다.

 우리 모두에게는 각자 나름의 어둠이 있습니다. 시인은 어쩌면 외면하고 싶었던 과거의 어둠을 멈추지 않으며 '모두에게 다 저마다의 어둠이 있다'는 공감에서 시작하여, 그 어둠 속에서도 '아주 크고 하얀 달'을 함께 보고자 하는 소망을 이야기하고 있습니다.

  어렸을 때 창문에 보이던 그 '흰 달'을 이제야 꺼내어 아직도 어둠에 있는 사람들에게 제 달을 드린다'고 말하는 시인의 목소리에서 우리는 진심 어린 위로와 따뜻한 연대를 느낄 수 있습니다. '아직 과거에 살고 있는 아이'를 꺼내 보이는 작업은 결코 쉽지 않았을 것입니다. 그러나 시인은 그 어둠을 외면하지 않고, 오히려 시라는 매개체를 통해 마주하며 함께 달을 바라보자고 말하고 있습니다.

  이번 시집은 아직 어둠 속에 머무는 누군가를 향한 조용한 위로가 될 것입니다. 그래서 더 깊고 따뜻하게 우리 마음속에 다가옵니다. 창문 너머로 살포시 바라보았던 그 흰 달, 아름답고도 고요했던 기억 속의 달이 이제는 시인 고유의 감성과 따뜻한 위로의 언어로 떠오르며 독자들의 밤하늘에 새로운 빛을 선사합니다.

  특히 이번 시집은 작가 자신의 어둠을 통과하며 발견한 한 줄기 빛, 혹은 어둠 속에서도 길을 잃지 않게 하는 '흰 달'처럼 독자들에게 각자 안에 있는 어둠을 마주할 용기를 주고 그 안에서도 희망과 아름다움을 발견할 수 있도록 이끌어줄 것입니다.

    이지선 시인의 세 번째 시집 출간을 다시 한번 축하드리며 앞으로도 시인의 아름답고 진솔한 문학 세계가 더욱 빛나기를 응원합니다. 어둠 속에서도 희미하게 빛나는 '흰 달'처럼 아픔을 겪고 있는 많은 이들에게 깊은 공감과 함께 자신 안의 '달'을 찾게 해 주는 좋은 시집이 되어 주기를 기대합니다.

- 남기선 소설가

알발리 시선집 - 02

© 이지선 2025

초판 1쇄 발행 | 2025년 6월 18일

저자 | 이지선

편집/디자인 | 윤석우
출판사 | 알발리 (ALBALI)
발행인 | 윤석우
등록 | 2023년 9월 5일 (제2023-000022호)
주소 | 인천광역시 중구 신포로39번길 10-9
전화 | 0507-1483-3441
메일 | ysw.swing@gmail.com
SNS | https://www.instagram.com/bookstore_abyss/

ISBN 979-11-94447-04-7 (03810)
정가 13,000원

이 책의 저작권은 지은이와 알발리 출판사에 있습니다.
저자와 출판사의 허락 없이 내용 일부를 인용하거나 발췌하는 것을 금합니다.